AF509302

TESTAMENT

POLITIQUE

OU

DERNIERS CONSEILS

D'UN MINISTRE

DE

L'EMPEREUR

LEOPOLD I.

Traduit de l'Italien en François.

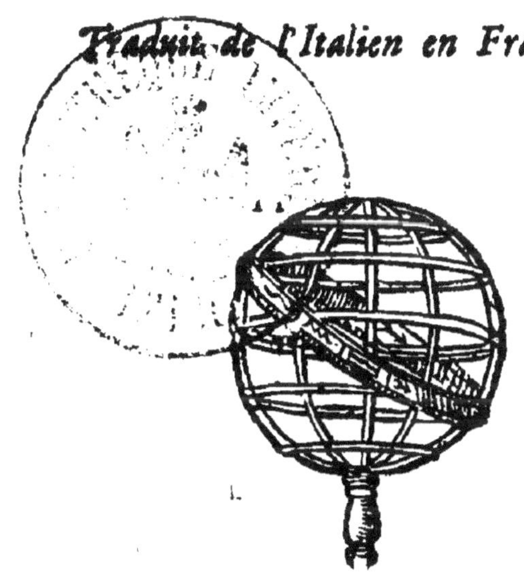

A ROTERDAM.

M. DCCVII.

DERNIERS CONSEILS
OU
TESTAMENT POLITIQUE
d'un Miniſtre de l'Empereur
LEOPOLD I.

SACRE'E MAJESTE'.

I

AVANT que j'aille rendre compte de tous les inſtans de ma vie au Roy des Rois, devant qui l'extremité de maladie où je me trouve, m'avertit que je comparoîtray bien-tôt : je crois que je vous dois rendre compte des heures de loiſir que m'a laiſſées le Miniſtere important où Votre Sacrée Majeſté m'avoit appellé.

Je les ay toutes employées depuis long-temps à conſiderer l'état preſent de Votre Auguſte Maiſon, celuy de l'Europe en general, celuy de l'Empire en particulier ; & à chercher les moyens d'aſſeurer, pendant le Regne de Votre Sacrée Majeſté, l'accompliſſement des Propheties du bien-heureux Stridonius.

Je regarde ces ſortes de predictions comme des conſeils & des exhortations que Dieu envoye aux hommes extraordinaires, pour les encourager aux grandes entrepriſes ; plûtôt que comme des explications ou des aſſeurances claires & certaines des choſes futures, dont il s'eſt à luy ſeul reſervé la connoiſſance. Ainſi ſans

A iij

attendre dans l'inaction le temps qu'il a marqué pour accomplir ce qu'il vous a promis par l'organe d'un saint Homme ; je crois que vous devez travailler sans relâche, & aller au devant de l'effet de la Prophetie. J'en suis si persuadé, que j'estime faire un usage utile pour mon salut, des derniers momens de ma vie, lorsque je les employe à vous expliquer les chemins que je pense que vous devez tenir, pour conduire votre immortelle Maison à ce haut faiste de Grandeur, d'où elle doit s'étendre sur l'Orient & sur l'Occident & ne faire qu'une seule Monarchie des deux Empires réünis.

Votre Maison éteinte en Espagne, est appuyée icy sur deux colomnes, qui serviront de base à sa nouvelle grandeur. Dieu lui même a assigné le partage du Serenissime Prince Cadet, en vous ouvrant la succession d'Espagne, & en vous inspirant de la ceder à ce Prince ; afin qu'il ne prétende rien à vos autres Etats Hereditaires.

Il est important qu'ils demeurent toujours tous entiers sous le pouvoir de celuy qui portera la Couronne Imperiale; afin que si quelque division naissoit entre les Freres, la puissance Autrichienne n'en soit pas affoiblie dans l'Allemagne, qui doit être le centre & comme l'Arsenal, où aprés qu'elle sera assujettie elle même, se forgeront les liens dont vous attacherez les autres peuples.

I I.

N'Ecoutez aucune proposition, quoy que puissent vous representer vos Alliez ; & ne consentez jamais à la Paix, que le Serenissime Prince Cadet ne soit reconnu Roy de toutes les Espagnes, sans aucun partage. Si par la necessité des affaires, vous étiez obligé à consentir à quelque partage ; aussi-tôt que vous aurez repris haleine, recomencez la guerre, pour conquerir ce que vous aurez été contraint de ceder. Il est difficile que vous parveniez promptement à cette puissance à laquelle Dieu vous appelle, si vous negligez les moyens qu'il vous donne, & si vous souffrez qu'une partie de la Monarchie Espagnole demeure en d'autres mains que les vôtres.

Ne vous laissez pas rebuter par les obstacles que vous trouverez, par les traverses qui vous arriveront, par les pertes que vous pourrez faire dans une Guerre difficile, ni par les contrarietez qui s'éleveront parmy vos Alliez. Perseverez avec fermeté & patience : refusez la Paix : entretenez la Guerre par tout où elle est : allumez là où elle n'est pas encore. Ce n'est que par-là que vous pouvez réüssir dans vos desseins.

La France se lassera & s'épuisera enfin, quand même elle triompheroit toujours. Alors en vain vos Alliez voudroient se détacher de vous, & vous forcer à quelque accommodement ; alors en vain ils voudroient se joindre avec elle. Quand elle sera bien abbatuë, ils ne seront pas en état, ni de la relever, ni de s'opposer à vos volontez, épuisez eux-mêmes par la longueur de la Guerre que vous aurez entretenuë ; dans laquelle vous ne sçauriez vous épuiser, parce que vos forces & votre richesse consistent dans cette multitude d'hommes nez Guerriers que l'Allemagne vous fournit, & qui ne vous manquent jamais lorsque vos armes prosperent.

III.

L'Europe eſt dans l'état où il faut qu'elle ſoit pour tomber ſous votre puiſſance , ſans qu'elle s'en apperçoive. Dieu aveugle ceux qu'il veut perdre ; & il jette l'eſprit d'étourdiſſement ſur ceux qu'il veut livrer à une domination nouvelle qu'il a reſolu d'élever. Vous avez ſçû profiter des heureuſes diſpoſitions que ſa Toute-puiſſance a preparées pour vous. Vous avez détourné ſur vos Ennemis toute la crainte qu'on avoit autrefois de votre Maiſon. Le Roy de France par l'habileté de votre Politique eſt devenu l'objet de frayeur de toute l'Europe.

Il a executé dans ſes Etats ce que vos Auguſtes Predeceſſeurs , ni votre Sacrée Majeſté elle-même , aprés bien des travaux , & beaucoup de Sang répandu , vous n'avez jamais pû faire dans les vôtres. Il a chaſſé les Heretiques de ſon Royaume , il a fait triompher la foy Catholique, qui n'y eſt plus combattuë par aucune Secte. Il a moins tourmenté les Heretiques que vous n'avez fait ; & il n'a pas laiſſé de remporter une Victoire que vous avez toujours ſouhaitée , & que vous n'avez jamais pû obtenir.

Les ſecrets de Dieu ſont impenetrables. Cette gloire de Louis XIV. à laquelle avec raiſon vous portiez envie , eſt une de ces occaſions favorables que Dieu, qui ordonne la fin & diſpoſe des moyens , à dirigées pour vous faire regner ſur tous les Trônes de l'Europe. Vous avez rendu odieuſe cette action, que vous euſſiez voulu avoir faite. Les Heretiques ont oublié la haine que vous conſervez toujours contre eux , & les juſtes rigueurs que vous avez exercées pour les réünir à l'Egliſe. Ils ont regardé votre Maiſon comme leur Protectrice, & la Maiſon de Bourbon comme leur ſeule & implacable ennemie.

Si Dieu ne les avoit pas aveuglez pour les perdre, & vous reſerver à vous ſeul la gloire de leur entiere deſtruction ; ils pouvoient penſer que la ſage Politique, qui ſans doute autant que le zele de la Religion, a obligé le Roy de France à chaſſer les Proteſtans de ſon Royaume, l'obligeroit à les proteger par tout ailleurs, comme ſes anciens & fideles Alliez : & ils ne ſe ſeroient jamais ſeparez de la Puiſſance qui ſeule les pouvoit maintenir contre vous : mais leur étourdiſſement étoit neceſſaire à votre Grandeur, & Dieu l'a operé.

L'aveuglement s'eſt d'abord répandu ſur les Heretiques de notre Allemagne. Echauffez par les diſcours des Fugitifs de France, qui leur repreſentoient la puiſſance de cette Monarchie extrêmement affoiblie par la deſertion des Huguenots, & leur faiſoient voir le rétabliſſement de l'Hereſie & des Bannis, facile à obtenir par les Armes : ils n'ont reſpiré que haine, & que vengeance contre leur ancien Allié & Défenſeur ; vous les avez entretenus dans cette fureur, & ils ſe ſont entierement attachez à vous.

Le même tourbillon a entraîné les Anglois & les Hollandois. Tous les Heretiques ſe ſont rangez ſous vos Etendarts Aucun d'eux n'a fait reflexion qu'ils combattoient pour leur plus irreconciliable ennemy. Car votre Sacrée Majeſté, ne dégenerera jamais de la pieté de ſes Ancêtres, ni de leur ferveur pour notre ſainte Foy. Les Propheties promettent à votre Auguſte Maiſon l'extirpation des Hereſies, auſſi bien que la ruine du Mahometiſme ; & de tout temps les Heretiques devant vos yeux, ont été auſſi abominables que les Mahometans.

I V

TEl est l'état où Dieu a mis l'Europe, afin qu'elle se jette elle-même sous vos Loix. Continuez, Sacrée Majesté, à profiter des heureuses conjonctures, pendant que vos Ennemis dorment assoupis par le Seigneur. Faites toujours paroître le Roy de France redoutable aux Catholiques, à cause de son ambition, & de sa puissance démesurée : odieux aux Heretiques, à cause de son zele pour la Foy Catholique : ainsi délivré du seul ennemy qui pourroit vous arrêter, vous mettrez sous vos pieds les Heretiques & les Catholiques. Mais aussi tôt que vous verrez la France assez abbattuë & épuisée par la Guerre pour la succession d'Espagne ; aussi tôt que vous la croirez assez lasse des efforts qu'elle aura faits, & que vous n'aurez pas lieu d'apprehender qu'elle reprenne aisément les Armes ; souvenez vous de ce que vous devez à l'insigne pieté du Sang dont vous sortez. Souvenez-vous que l'Empire est dans votre Auguste Maison, la recompense temporelle de la devotion du Magnanime Comte d'Hapsbourg, premier Empereur de votre race.

Souvenez-vous en, & aussi tôt que vous ne redouterez plus la France, entreprenez courageusement d'exterminer tous les Heretiques, sur tout dans l'Empire. Ne leur donnez pas le temps de respirer. Attaquez-les dés que la Guerre presente sera terminée. Si vous les laissez reposer, ils ouvriront les yeux, ils connoîtront leur erreur, & le danger qu'ils courent ; ils retourneront à l'alliance de la France, ils songeront à reparer eux-mêmes les brêches qu'ils luy auront faites, & ils tâcheront de relever leur ancien boulevard contre vous.

Le secret & la diligence sont necessaires dans
ce grand dessein. S'ils penetrent que vous l'ayez
conçû, toutes vos mesures seront vaines. Ils
se precautionneront ; ils trouveront moyen dans
la negociation de la Paix, de vous donner de
nouvelles entraves, qu'on aura peut-être plus
de peine à rompre, qu'on n'en a eu à vous débar-
rasser de celles dans lesquelles les Traitez de
Vvestphalie avoient mis la puissance des Empereurs, par les intrigues de la France, & sa bonne intelligence avec les Heretiques de l'Empire.

Empêchez sur toutes choses, Sacrée Majesté,
que les Heretiques ne soient trop puissans dans
la negociation de la Paix, soit par leur nombre,
soit par l'intervention de la Suede ; dont par
cette importante raison, il faut absolument re-
jetter la Mediation. Empêchez encore avec
plus de force, que dans cette negociation il ne
soit proposé aucune matiere qui regarde l'in-
terieur de l'Empire, soit pour la Religion, soit
pour le Gouvernement civil.

L'occasion paroîtra belle aux Factieux, aux
jaloux de vôtre Grandeur, & aux Etats qui s'ap-
pellent Evangeliques, qui déja fatiguent depuis
long-temps la Diete de leurs plaintes sur les
griefs de Religion : L'occasion, dis-je, dans un
temps où peut-étre il faudra que l'Europe pren-
ne une forme, une constitution nouvelle, leur
paroîtra belle, pour tâcher de donner des bornes
à votre autorité, & de r'établir les Articles des
Traitez de Vvestphalie, qu'il a été de votre interêt d'abolir. Ils la saisiront ardemment, si avec
votre prudence infinie vous ne sçavez pas les
prevenir, les éloigner absolument de la negociation, ou faire ensorte qu'ils n'y soient pas
écoutez : vous le pourrez aisément, en faisant
brusquement la paix, & sans leur participation.
Il vous est important de prendre de bonne heure

cette resolution ; & il vous sera d'autant plus facile de l'executer à l'insçû même des Anglois & des Hollandois, que jamais rien de semblable n'a été fait de votre part; que vous avez toûjours été le dernier à entrer dans les Traittez ; & qu'ils n'auront aucune défiance du piege que vous leur preparez.

Il est non seulement permis d'en user ainsi contre des Heretiques : mais il est absolument necessaire de le faire pour votre interêt. Si vous ne détruisez pas entierement le regne & la puissance des Heretiques dans l'Empire, vous n'y executerez jamais rien de grand. Jamais vous ne le rendrez parfaitement hereditaire à votre Maison, & jamais vous n'arriverez à cette Grandeur promise par le Bien-heureux Stridonius.

Les Catholiques ne seront jamais si difficiles à manier, sur tout si vous profitez de la belle occasion que vous avez d'écraser la Maison de Baviere. Le reste des Princes Catholiques vous coûtera peu à dompter, Prêtres foibles la plûpart, & qui, pourveu que vous donniez à leurs Neveux des établissemens & des dignitez, qui dépendent de vous; concourront eux-mêmes avec vous, & vous aideront à détruire des Souverainetez qu'ils ne sçauroient transmettre à leur famille par heritage.

Les Heretiques sont durs & rebelles, qui s'humilient rarement, & qu'on brise plus aisément qu'on ne les fait plier. Ce sont eux qui ont toûjours arresté l'Invincible Charles-Quint. Ce sont eux qui ont traversé toutes les entreprises de vos augustes Predecesseurs. L'Esprit Republicain les possede. Observez, Sacrée Majesté, que la plûpart des Auteurs Allemands, qui avec plus de hardiesse & d'opiniâtreté ont écrit contre l'autorité Imperiale, & ont soûtenu que l'Empire étoit une espece de Republique, dans laquelle

quelle vous n'étiez que le premier membre , &
le chef furbordonné au corps entier , ont été
Lutheriens ou Calviniftes.

Vous ne deracinerez jamais cette opinion dangereufe , & par confequent vous ne ferez jamais
Monarque abfolu qu'en détruifant les Heretiques. Ayez fans ceffe devant les yeux l'exemple
de la France ; tant que la Rochelle & les Huguenots ont fubfifté , l'autorité Royale a été foible , & comme foumife à la tutelle des Sujets.
Elle ne s'eft affranchie , elle n'eft devenuë libre
& veritablement Monarchie , que par la prife
de la Rochelle & l'abaiffement des Huguenots.
C'eft pour affurer à fes Succeffeurs cette
independance d'autorité , & empêcher les
Sujets de faire revivre leurs pretendus droits,
que Louis X I V. a voulu purger fon Royaume
de tous les Sectaires , pefte auffi dangereufe pour
l'Etat, que funefte à la Religion.

V.

COnfiderons l'état prefent de l'Empire, comme nous avons examiné legerement celuy
de l'Europe ; & vous verrez que l'Empire eft
dans une fituation auffi favorable , que vous le
pouvez fouhaiter pour entreprendre le grand ou-
vrage , que depuis long-temps Votre facrée Majefté s'eft propofé. Cette fituation fi vous n'en
profitez pas avec diligence , ne fe reprefentera
peut-être jamais.

Il n'y a plus de vraye union entre les membres
de l'Empire. L'interêt commun eft ignoré : on
ne le regarde plus : on ne fçait plus ce que c'eft,
en quoy il confifte , ny qu'elle liaifon neceffaire
il a avec les fortunes particulieres. Chacun a fes
vuës feparées : chacun les fuit , & ne fonge qu'à
s'élever au deffus de fon voifin , fans fonger à ce
qu'on appelloit autrefois le bien general. Mer-

veilleux effet de votre sage conduite : votre mo-
destie a assoupi toutes les défiances : votre clé-
mence a charmé tous les esprits : votre liberalité
a attiré tous les cœurs: votre politique les a divi-
sez & animez les uns contre les autres.

Les Princes n'ont plus de veritable corespon-
dance, ne se voyent plus, ne communiquent
plus entre eux sur les affaires de l'Empire. Aucun
d'eux ne vient aux Diettes generales. On n'y
voit plus que des Jurisconsultes, Ministres su-
balternes, qui n'osent rien proposer d'eux-mêmes , & à qui on n'ose donner des instructions
contre vous ; parcequ'on sçait que vous n'igno-
rez pas comme on les gagne,& on se défie d'eux.

Votre sacrée Majesté fera trés-bien de ne jamais comparoître à ces Diettes. Votre presence
y attireroit les Princes ; & quand ils se verroient,
quand ils considereroient leurs forces, quand ils
se sentiroient encouragez par le grand nombre,
& la presence les uns des autres , il seroit dangereux que quelque temeraire ne fit faire des
réflexions pernicieuses , & qu'il ne se formât des
ligues difficiles à détruire : une petite étincelle
allume souvent un grand incendie.

L'Electeur de Baviere sera bien-tôt hors d'état
de s'opposer à vos desseins. Le Traitté qui a
été fait avec sa Maison ne doit pas vous empêcher de la ruïner. Cette Maison a toûjours été
l'apuy des Catholiques; c'est elle qui en d'autres
temps les a sçû réunir , & a formé une ligue à
laquelle elle presidoit ; ligue plus ennemie de
l'autorité des Empereurs, que de la puissance
des Heretiques. Abattez cette superbe Maison,
les Catholiques n'auront plus d'azi e qui les puisse garder contre vous.

Le Traité qu'on a fait avec elle ne doit point
(comme j'ay déja dit) vous retenir. Suivez les
sages avis & les nobles inspirations du magnani-

me Roy des Romains votre fils ; ce n'eft ny
haine ny jaloufie contre l'Electeur de Baviere,
qui l'animent lorfqu'il vous exhorte à ne point
garder la foy avec un ennemy fi dangereux;c'eft
l'interêt de votre facrée Majefté, & celuy de
toute vôtre augufte Maifon qui le font parler.
Ordonnez à vos Miniftres de luy obeïr ; laiffez
les agir, ils fçauront trouver des pretextes qui
donneront une couleur de juftice à l'oppreffion
des Bavarois. On ne fçauroit executer les grandes
chofes, quand on veut écouter les petits fcru-
pules.

V I.

L' Electeur Palatin & les Prêtres, devorez du
zele de la Maifon de Dieu, non feulement
vous laifferont entreprendre contre les Heretiques tout ce que vous voudrez, fans en prevoir
ny en craindre les fuites; mais ils vous affifteront
de toutes leurs forces dans cette entreprife.

L'Electeur de Saxe & celuy de Brandebourg
ont tous deux leurs entêtemens, leurs objets
d'ambition qu'ils fuivent, qui les détournent
des affaires de l'Empire, & de l'attention qu'ils
pourroient avoir fur vos demarches. Fomentez
avec foin leurs cupiditez, flattez leur vanité &
leurs paffions ; par là vous trouverez moyen de
les affoiblir fi fort tous deux, qu'ils feront aifez
à écrafer quand vous voudrez apefantir votre
bras.

L'Electeur de Brandebourg veut être Roy de
Pruffe ; & par l'heritage qu'il pourfuit du défunt
Roy Guillaume, il veut mettre un pied dans la
Hollande, où il efpere que fes intrigues, fon
argent, fes armes, le fecours que vous luy don-
nerez, l'éleveront avec le temps au titre de Statouder general. Il fe promet qu'il confondra
cette Dignité avec celle de Roy, & que fes Etats

B ij

voisins de la Hollande luy donneront les moyens
de détruire la Republique , & d'être Roy en Hollande aussi bien qu'en Prusse. Il vous a com-
muniqué ce vaste dessein. Vous avez sagement
fait de l'encourager à le suivre. Vous eussiez dû
le luy proposer s'il ne l'avoit pas imaginé de luy-
même.

Cette idée l'attache à vous , & s'il commence
une fois à la mettre en execution , elle l'emba-
rassera assez pour le detourner entierement de
l'Allemagne , où cependant vous travaillerez à
vos desseins avec plus de liberté. Si les Hollandois le repoussent vigoureusement & triomphent
de luy, ils vous deferont d'un ennemy redoutable,
qui sera abattu & ne pourra plus vous resister.
Si aucontraire il atterre les Hollandois, il aura
vengé votre Maison de ses plus anciens ennemis ; & occupé de sa nouvelle domination , où
toutes ses forces luy seront necessaires pour s'affermir , il ne sera plus en état de se mêler des affaires de l'Empire.

L'Electeur de Saxe s'est fait élire Roy de Pologne;& par les conseils de l'Evêque de Javarin,
par les adroites intrigues , par la prudente conduite des creatures devoüées à votre inébranlable
fortune ; creatures que vous entretenez toûjours
auprés de ce nouveau Roy , il a fait tout ce que
vous souhaitiez. Aprés avoir trompé les Polo-
nois par une fausse conversion à la Foy Catholique, il s'est broüillé avec eux, il s'est allié avec
le Moscovite, il a offensé le Roy de Suede , il a
attiré en Pologne les armes de ce jeune Guerrier,
qui pouvoit vous inquieter en Allemagne.

Ménagez bien, Sacrée Majesté, ces deux Electeurs, Rois de theatre , entretenez les toûjours
dans leurs ambitieuses imaginations ; faites en
sorte que celuy de Brandebourg se commette au
plûtost avec les Hollandois , & entreprenne de

dévenir leur Statouder, avant que la Paix ſe
traite. Soutenez celuy de Saxe en Pologne ; empêchez que le Roy de Suede ne reſpire ; animez
les Moſcovites contre luy ; faites une alliance
ſecrette avec eux ; ſecourez-les puiſſamment
s'il le faut : & enfin diſpoſez ſi bien les eſprits &
les affaires , que lorſque la France ſera aſſez
ruinée ; la Paix de quelque maniere que ce ſoit,
ſe puiſſe faire ſans finir les troubles que vous
exciterez en Hollande par l'Electeur de Brandebourg ; ny ceux qui ſont déja excitez en Pologne par l'Electeur de Saxe. Il eſt abſolument
neceſſaire, Sacrée Majeſté, que le Saxon, le
Pruſſien, & le Suedois ſoient diſtraits de l'Allemagne, & violemment occupez ailleurs, lors
qu'aprés avoir fait la Paix avec la France , vous
tomberez ſubitement ſur les Heretiques de l'Empire.

V I I.

JE ne vous parle point de l'Electeur d'Hannover, ſa nouvelle Dignité a encore beſoin de
quelque confirmation., & ce beſoin l'attache
indiſſolublement à vous. D'ailleurs vous avez
d'autres moyens de le rendre foible & inutile au
party Heretique en Allemagne. Il aſpire à la
Couronne d'Angleterre pour ſon fils. Le Duc
de Marlborough qui en Angleterre ne paroit pas
favorable à cette prétention, dans le païs d'Hannover, promet de la faire réüſſir. L'audacieux
Favori de la Reine Anne a déja propoſé plus
d'une fois de faire paſſer en Angleterre toutes les
forces de la Maiſon Electorale, aſſurant qu'avec
ce ſecours il feroit reconnoître le Prince d'Hannover par les trois Royaumes. Il a offert de faire
porter les Troupes par les Flottes Angloiſes,
dont il a promis de faire changer la plûſpart des

anciens Commandans, afin qu'il n'y en ait aucun qui ne ſoit à ſa devotion.

Vous vous êtes toujours oppoſé à ce hardi deſſein. Vous avez craint qu'il ne fit en faveur de
vos Ennemis une diverſion trop avantageuſe. Il
n'eſt plus temps de le combattre, à preſent que
la Victoire d'Hocſtet vous a rendu ſi ſuperieur
à eux, que vous ne devez plus apprehender
qu'ils rentrent en Allemagne. Laiſſez donc
agir le Duc de Marlborough ; il vous délivrera
de la crainte des forces de la Maiſon d'Hannover ; & j'oſe vous aſſurer qu'il les occupera ſi
long temps en Angleterre, qu'elles ne pour-
ront point vous traverſer dans l'Empire.

Le Marlborough eſt ambitieux & hardi, il ne
forme que des deſſeins extraordinaires & im-
menſes. La proſperité augmente peut-être ſa
hardieſſe naturelle, & le rend temeraire. Cependant il faut avoüer que la propoſition de
porter les Troupes d'Hannover en Angleterre
n'a rien de trop imprudent. Votre Sacrée Majeſté ſe ſouvient encore de l'entrepriſe du Prince d'Orange, dans laquelle vos ſages conſeils
ont eu tant de part. Vous ſçavez qu'avec des
Troupes moins nombreuſes & moins aguerries
que celles que peut mener le Prince d'Hannover ; & avec un party moins lié & moins puiſ-
ſant, que celuy que le Duc de Marlborough
promet, le Prince d'Orange ne laiſſa pas de faire en peu de temps cette grande revolution,
qui a eſté le premier ſuccés de vos longues &
importantes negociations.

VIII.

JE ne dois plus rien cacher à Votre Sacrée
Majeſté ; j'ay trop peu de jours à vivre, pour
attendre plus long temps à luy découvrir tout

ce que je pense. Le Duc de Marlborough gou-
verne l'Angleterre ; il en est proprement le Souverain, sous le nom de la Reine Anne, dont il
est le Favory. Il doit craindre que cette écla-
tante faveur ne luy soit enlevée par quelque
revers ordinaire sur les grands Theatres. Il est
assuré de ne la pouvoir conserver sous un nouveau Regne ; si formant luy même ce nouveau
Regne, ou changeant entierement la constitution de l'Angleterre, il ne trouve moyen de se
faire un établissement digne du rôle surprenant
que la fortune luy fait joüer aujourdhuy dans
l'Europe.

Jamais Cromvvel ne fut enhardy, ni tenté
par des dispositions aussi favorables, ni par
d'aussi grandes facilitez, que celles qui doivent
solliciter le Duc de Marlborough. Sans conside-
rer l'Angleterre en particulier, telle est la si-
tuation flottante de l'Europe entiere, agitée par
tout de dissentions interieures ; qu'il semble
qu'il n'y a point d'homme un peu acredité parmy les gens de Guerre, qui avec de la hardiesse
& de la conduite, ne puisse aspirer aux plus
hautes fortunes, & aux Trônes mêmes. Votre
Sacrée Majesté en est convaincuë par sa propre
experience, par les succés d'un proscrit, du temeraire Ragotski, qui a osé se revolter contre
vous. Il est donc comme impossible que le Duc
de Marlborough, ou pressé par l'interest de
soûtenir son credit & sa puissance, ou ébloüy
par les conjonctures seduisantes, ne médite &
n'entreprenne bientôt quelque chose d'extraor-
dinaire, ou pour luy-même, ou pour un suc-
cesseur de la Reine Anne. Soit qu'il forme des
desseins raisonnables, soit qu'il coure après de
belles chimeres, soit qu'il veuille tromper le
Prince d'Hanover, soit qu'il agisse de bonne
foy avec luy ; qu'importe à Votre Sacrée Ma,

jefté, pourveu qu'il attire les forces d'Hannover en Angleterre, & qu'il vous en délivre pour
long-temps en Allemagne.

Concourez donc deformais avec luy, & par
vos confeils, & par vos promeffes ; obligez la
Maifon d'Hannover à jetter inceffamment fes
Troupes dans la grande Bretagne ; n'attendez
pas pour cela que la Guerre generale foit finie.
Je le repeté, il eft important qu'avant qu'elle
fe termine, les troubles que vous devez exciter
en Hollande, ceux qu'il faut entretenir en Pologne, ceux que le Prince d'Hannover portera en Angleterre, foient de toutes parts bien é-
chauffez, afin que les Hannovers, le Saxon,
le Pruffien, & le Suedois foient occupez loin
de vous, lorfque vous mettrez la derniere main
à vos grands projets.

Cependant, & en attendant que toutes ces
machines joüent dans les differens endroits où
elles font préparées ; fouvenez-vous toujours de
difperfer dans les lieux les plus reculez & les
plus perilleux les Troupes de Saxe, de Brandebourg & d'Hannover. Envoyez les en Italie &
en Hongrie ; ayez foin de les y faire perir ;
donnez ordre à vos Generaux de les détruire
par les fatigues, par les combats hazardeux,
par le manquement de vivres, de folde, de
munitions, & par toutes fortes de miferes & de
neceffitez aufquelles ils les livreront. Vous ne
devez rien oublier pour affoiblir ces trois grands
appuis des Heretiques, & pour abbattre, en
ruinant la Maifon de Baviere, le feul qui reftoit
aux Catholiques.

IX.

SI je donnois ces confeils à un Prince dont
le genie fût moins élevé & moins grand que
n'eft celuy de votre Sacrée Majefté, je cherche-

rois des tours & des couleurs pour l'ébloüir ;
pour empêcher qu'il ne s'apperçût des difficul-
tez à surmonter, de la longueur du temps, de
l'application continuelle, du travail assidu que
demande leur execution : mais je connois l'im-
mensité de votre esprit, qui embrasse le monde
entier,&les temps les plus reculez dans l'avenir.
Souvent vous m'avez dit, qu'en quelque situa-
tion étroite qu'on se trouvât, il étoit toujours
utile de former de grands projets ; même au
dessus des forces qu'on avoit, & de commencer
courageusement à executer ces projets ; parce
qu'au moins si on pouvoit être assez heureux
pour en avancer une partie, on avoit la gloire de ne rien faire qui sentit le mediocre, & on
laissoit à sa posterité de magnifiques pierres d'at-
tente, de puissans exemples qui l'aiguillon-
noient, un grand plan, & quelques moyens
pour l'achever.

Votre Sacrée Majesté, a puisé cette belle maxime dans l'Histoire de ses immortels Ancêtres.
Il y a toujours eu dans votre Auguste Maison,
de longs desseins suivis successivement pendant des siecles entiers, par tous les Princes
qu'elle a donnez au monde ; & la pluspart du
temps, achevez seulement par la troisiéme ou la
quatriéme generation. Ainsi la Bohême con-
voitée par le premier Empereur de votre race,
attaquée & presque acquise, mais aussi-tôt per-
duë par le second, n'a esté parfaitement dom-
ptée, & incontestablement assûrée à votre Maison que par le douziéme. Ainsi l'heredité du
Royaume de Hongrie commencée par le victo-
rieux Ferdinand premier, n'a esté entierement
consommée que par Votre Sacrée Majesté.

X.

L'Extrême foibleſſe où je ſuis, m'empêche de donner à mes penſées toute la netteté & tout l'arrangement dont elles auroient beſoin pour être bien entenduës. Je ſens que mon eſprit ſe laſſe, comme accablé des ruines de la priſon terreſtre, qui ſe détruit pour le mettre en liberté. Cependant je vais ramaſſer mes forces languiſ-ſantes, & tâcher de raſſembler dans le plus court eſpace que je pourray toutes mes idées, juſques icy peut-être répanduës avec trop de confuſion dans cet Ecrit, que j'appelle mon Teſtament Politique ; & que je regarde comme la plus im-portante diſpoſition que je puiſſe faire. J'eſpere qu'aprés cela, Dieu me donnera aſſez de vie & d'entendement pour achever de mettre ſur le papier ce qui me reſte à vous repreſenter.

X I.

LE principal objet auquel doit tendre votre Sacrée Majeſté dans cette Guerre generale, eſt la ruine de la France, ou du moins l'affoi-bliſſement de cette Monarchie ſi entier & ſi cer-tain, qu'elle ne ſoit plus en état de ſecourir les Allemans, comme elle a toûjours fait, lorſque vos magnanimes Predeceſſeurs ont entrepris de les mettre ſous le joug.

La ſucceſſion d'Eſpagne, qui eſt l'occaſion de la Guerre, vous doit moins toucher que l'hu-miliation de la France. Il faut pourtant empor-ter cette Succeſſion. Elle vous donnera tout l'or des Indes ; & avec l'or des Eſpagnols & le fer des Allemans, vous deviendrez le maître du Monde.

Quoyqu'il faille aſpirer à la Monarchie en-

tiere d'Espagne, il ne faut pourtant pas craindre
de la diviser, lorsqu'il sera necessaire de faire la
Paix avec la France. Il ne faut pas craindre de luy
ceder une partie de cette Monarchie contestée ;
parceque bien tost quand vous aurez avancé vos
autres desseins, vous vous trouverez en état de
lui enlever sans peine cette partie que vous aurez
cedée. La France a sçû acquerir, & n'a jamais
sçû garder.

Aussi-tôt que la France sera assez ruinée, & assez abbatuë pour ne vous plus donner d'inquie-
tude, il faut faire la Paix avec elle. Il faut la faire
brusquement, & à l'insçû de tous vos Alliez. J'en
ay expliqué les raisons.

Le temps d'y travailler n'est pas éloigné. Je
ne crois pas que la France aprés la bataille
d'Hocstet puisse fournir deux Campagnes. Il
faut empêcher que vos Alliez ne s'apperçoivent
trop de sa ruine prochaine. Il est dangereux qu'ils
ne connussent, qu'il est de leur interêt essentiel
de l'empêcher, & qu'ils ne se détachent de vous.
Il faut donc luy donner la Paix, lorsqu'ils s'y at-
tendront le moins. J'ay montré les facilitez de le
faire.

Avant que de traiter cette Paix, il faut engager l'Electeur de Brandebourg à se porter en
Hollande, & à faire éclatter les partis formez,
& les conspirations secrettes qu'il y a pour ravir
la place de Stathouder General.

Il faut obliger la Maison d'Hannover à se jetter, comme je l'ay dit en Angleterre.

Il faut ranimer les troubles de Pologne, fournir de nouvelles matieres à l'embrasement, & de
nouveaux embarras aux affaires qui occupent le
Saxon & le Suedois.

Il faut achever de ruiner la Maison de Baviere,
afin que si les Catholiques pour sauver la liberté
commune, osoient se remuër en faveur des Here-

tiques, ils n'ayent ni forces suffisantes pour le faire, ni Chef pour les conduire.

Alors il faut donner la Paix au François, qui sera trop heureux de l'accepter, quand vous luy offrirez une portion de la Succession contestée, pour le dédommager de ses pertes, & flatter sa vanité.

Aussi-tôt que vous aurez desarmé la France par la Paix, & que vous verrez Suede, Brandebourg, Hannover & Saxe engagez dans les affaires où vous les embarquerez, vous attaquerez subitement les Heretiques de l'Empire. Le fer & le feu, sous l'étendard de la Religion, seront employez avec toute la fermeté & toute la celerité possible.

Je ne recommande rien tant à votre sacrée Majesté, que la diligence & le secret en cette occasion. Le succés est asseuré, si vous frappez avant que de menacer. L'étonnement & la crainte feront tomber tous les peuples devant vous, & vous aurez triomphé avant qu'on ai songé à se deffendre.

Voilà, sacrée Majesté, ce que je vons ay exposé jusqu'icy dans cet Ecrit : mais ce n'est pas encore tout ce que j'ay pensé, ny tout ce que j'ay resolu de vous dire avant que de sortir de ce monde. A de telles entreprises, quoyque grandes & dignes de vous, votre heroïque courage ne se doit point borner. Le succez de celles-là doit vous conduire aux autres que je vais vous proposer, comme une suite necessaire des premiers succez.

XII.

Quand votre sacrée Majesté, a interrompu ses progrés, ou du moins ralenty ses efforts contre le Turc, pour venir combattre sur le Rhin, dans un temps où il sembloit que
Dieu

Dieu même par mille Victoires, vous appelloit
à Conſtantinople ; on a crû que les Propheties
du bien-heureux Stridonius devenoient manife-
ſtement fauſſes : mais les hommes aveugles &
temeraires dans leurs jugemens, ſe ſont trompez. En ſuivant vos avantages contre le Turc,
vous laiſſiez l'Occident en proye à un Ennemy
dangereux qui vous l'eût enlevé, ſi par la Guerre, que la Paix de Riſvik à terminée, vous
n'euſſiez affoibli ce redoutable Ennemy.

Vous avez depuis donné auſſi la Paix aux
Turcs aprés les avoir réduits aux dernieres ex-
tremitez. Vous les avez abandonnez pour quelque temps à leurs propres fureurs, & vous êtes
revenu contre cét ancien Ennemy plus à craindre ; dont la défaite ſeule vous peut livrer l'O-
rient & l'Occident. C'eſt-là l'importante vûë
qui jadis vous rappella ſur le Rhin, & qui vous
détermina à y allumer la Guerre precedente,
que vous avez imputée à la France.

Celle-cy ſuſcitée par la mort de Charles I I.
Roy d'Eſpagne, vous donne moyen d'achever
de ruiner la France, & vous remet plus ſûre-
ment dans les voyes que vous aviez eſté obligé
de quitter. Vous y voilà rentré. Vous y mar-
chez, & vous vous avancez à pas de Geant.

Tandis que vous conſumez, & que vous dé-
truiſez inſenſiblement la France, Dieu travaille
en Orient, & détruit pour vous l'Empire Ortho-
man. Voyez l'état où il a réduit cette orgueil-
leuſe Puiſſance. A peine a-t-elle la force de ſe
remuer. Sa foibleſſe eſt ſi grande, l'aveuglement dont les Turcs ſont frappez eſt ſi énorme,
qu'acharnez à s'étrangler les uns les autres,
ils voyent l'audace de Ragotski, ils entendent
ſa voix qui les appelle ; ils ſont ſans ceſſe reveil-
lez par ſes cris, & par les intrigues de vos ennemis, & ils n'oſent venir à ſon ſecours ; ils

C

n'ofent embraffer cette occafion de fe vengerdc vous , & de réparer leurs pertes.

Ils continueront à fe devorer par les feditions continuelles , par les diffenfions domeftiques, par les frequents changemens de Miniftres & de Princes ; & ils demeureront dans leur étourdiffement jufqu'à ce que vous les frapiez vousmême pour les en tirer, il fera bien tôt temps de le faire. Vous les trouverez alors fans force, & vous triompherez d'eux fans peine.

Cependant gardez-vous bien de vaincre entierement Ragotski, ni de conclure aucun Traité avec luy, amufez les Anglois & les Hollandois, qui n'ont que trop de bonnes raifons pour fouhaitter d'éteindre le feu en Hongrie : écoutez des propofitions, feignez de fouhaiter un accommodement, mais ne donnez jamais la Paix aux Hongrois rebelles, quand même ils fe voudroient rendre à vous fans conditions. Il eft important de laiffer toujours cette porte ouverte , afin de faire entrer les Turcs foibles comme ils font , malgré eux dans la carriere, d'avoir un jufte pretexte de leur faire la guerre, & de traîner contre eux toutes les forces Chrêtiennes, pour affoiblir toujours de plus en plus les Chrêtiens , & détruire entierement les Turcs,

XIII.

SI aprés avoir fait la Paix avec la France, en même temps que vous menacerez les Turcs, ce qui fera pour vous une occafion fpecieufe de demeurer toujours armé , & d'affembler même de plus grandes forces , vous attaquez les Heretiques de l'Empire avec les avantages, & dans les conjonctures que je viens d'expliquer ; il eft indubitable que vous les accablerez ; vous les réduirez au moins à la neceffité de foufcrire à

toutes vos volontez, pour se conserver quelque
liberté d'exercer leur Religion.

Alors il ne faut pas differer l'execution des
deux grands projets qui doivent mettre le com-
ble à votre Grandeur, & affermir pour toûjours
l'immortelle fortune de votre Maison. L'un est
d'abolir l'Election des Empereurs : l'autre de
rétablir les Revenus & le Domaine de l'Empire.

J'ay peu de choses à vous dire sur le premier
projet. Votre sacrée Majesté a fait dresser elle-
même un ample Memoire, qui contient & qui
explique bien au long les moyens de parvenir à
cette abolition necessaire à votre Gloire. Vous
avez remis cet important Memoire entre les
mains de l'auguste Roy des Romains; vous lui en
expliquez tous les jours les principales raisons :
vous l'avez convaincu de la necessité d'entreprendre, & de la facilité de réussir : vous croyez
que c'est à luy que la gloire du succez est reser-
vée. Cependant j'espere que pour la felicité du
monde, Dieu vous laissera assez long-temps sur
la terre, pour travailler vous-même à cette grande entreprise, pour l'achever entierement avant
qu'il vous associe à son Empire celeste.

X I V.

MEttez-vous encore devant les yeux l'exemple de la France. Elle voit ses douze Pairs
plus puissans chez elle, & plus redoutables que
ne sont vos Electeurs. Puisque chacun d'eux
étoit en état de faire la Guerre à ses Rois. Une
partie de la dépoüille d'un seul de ces Pairs a
commencé la Grandeur de votre Maison. La
France foible & petite dans ces temps anciens, si
vous la comparez à votre seule Domination hereditaire, a pourtant détruit ces fiers Concur-
rens de la Royauté. Elle en a fait des persou-

nages de Theatre, qui ne font plus reprefentez
qu'au Sacre des Rois, pour eftaler une Pompe
vaine,ou pour renouveller le Triomphe des Souverains fur ces audacieux Sujets qui les avoient
fi long-temps gênez.

Voilà ce que vous devez vous propofer d'imiter ; vous êtes plus fort que la France n'étoit.
Ceux que vous avez à combattre font plus foibles que ceux que la France a vaincus. Un des
plus puiffans Soûtiens de l'Electorat (je veux
dire le Bavarois) eft déja prefque abattu. Ne
craignez donc point d'entreprendre de fapper
les autres , & de commencer vous-même l'ou-
vrage.

Songez, facrée Majefté, qu'il étoit plus difficile de reduire la forme des élections , qu'il ne
l'eft de détruire l'élection: plus difficile d'en ôter
le droit à tous les Etats de l'Empire qui l'a-
voient, & de le tranfporter à fept feulement,qu'il
ne le fera de l'ôter à ces fept, fous pretexte, s'il le
faut de le rendre à tout l'Empire.

X V.

CHarles I V. qui a changé l'ancienne forme,
& qui a établi les Electeurs, n'avoit pas
une puiffance comparable à la vôtre. Il avoit
contre luy tous les Princes & tous les Etats de
l'Empire qu'il depoüilloit de leur droit. Il n'étoit
foutenu que des fept , aufquels feuls il donnoit
le bien de tous les autres. Vous n'aurez contre
vous que les Electeurs, dont une partie font
déja abattus ou foibles. Vous aurez pour vous
tout le peuple amoureux des nouveautez , &
tous les Princes jaloux depuis long-temps de la
prerogative des Electeurs.

L'experience de tous les temps , la vôtre propre vous apprend qu'il eft plus aifé d'ufurper

ſur tout le corps de l'Empire ; qu'il ne le ſeroit
ſur ſept ou huit Maiſons qui regardent l'élection,
comme leur Patrimoine particulier, renduë à
tous les Etats de l'Empire enſemble : elle de-
viendra bien-tôt une ſimple preſentation, que les
Empereurs feront de celuy qu'ils choiſiront
pour leur ſucceder ; & elle ſera en Allemagne ce
qu'étoient à Rome l'aſſociation à l'Empire &
l'Adoption.

Pour conduire à leur fin de ſemblables revo-
lutions ſurprenantes, il ſuffit preſque d'être hardi
& d'entreprédre ſans témoigner aucun doute du
ſuccez. Il ſuffit de commencer & de laiſſer faire
enſuite la fortune & la renommée, qui ſont prefque toûjours les maîtreſſes des évenemens; ainſi
ſont diſpoſez les hommes par leur perverſe na-
ture : le deſir des choſes nouvelles, l'ambition
particuliere, la crainte, l'étonnement, l'inat-
tention ne manque jamais de les livrer à celuy
qui ſçait remuër habilement ces grands reſſorts.
Vous y joindrez tous les ſecours de la force &
de la prudence ; ne craignez donc point de mettre dés-à preſent la main à l'œuvre ; & accordez
à votre fidele Serviteur prêt à expirer, la ſatis-
faction d'emporter en mourant l'aſſurance cer-
taine que vous ne differerez pas davantage l'execution de ce grand deſſein.

X V I.

AUtrefois les revenus de l'Empire étoient
dignes de Sa Majeſté. Sous Frederic I I.
ils montoient encore à dix-huit millions de li-
vres, ſomme prodigieuſe en ces temps-là; quand
les tréſors des Indes n'avoient point encore cor-
rompu l'Europe, les Elections ont inſenſiblement difſé de Domaine Imperial. Les Princes
d'Allemagne devenus aſſez puiſſans pour ſe faire

craindre, mirent un prix excessif à leurs suffrages ; & ceux qui voulurent étre élus Empereurs, n'ayant pas assez d'argent pour les payer, les acheterent par des compositions & des promesses ausquelles ils satisfaisoient ensuite par la cession des Droits Imperiaux & le demembrement du Domaine.

D'un autre côté la pluspart des Empereurs élûs, trop pauvres ou trop foibles pour esperer de transmettre la Dignité Imperiale à leurs fils, ont eu interét de vendre, d'aliener, ou de laisser usurper ce Domaine pour enrichir leur famille, & ont cherché la fortune de leur posterité dans la ruine de l'Empire.

Ainsi le fameux Comte d'Hapsbourg, luymême, immortel auteur de l'élevation de votre auguste Race, fût contraint de ceder aux Papes la Romagne, & l'Exharcat de Ravenne, & d'abandonner presque toute l'Italie au pillage des Peuples & des Princes. Il vouloit remplir les engagemens qu'il avoit pris, & faire en Allemagne un établissement durable pour sa Maison, dans laquelle il mit l'Autriche, la Styrie, la Carinthie & la Carniolle.

XVII.

TAnt que la fortune de votre Maison a été en quelque maniere douteuse, tant que les Princes Autrichiens ont pû craindre de n'étre pas toûjours les Maîtres des Elections, il a été necessaire de laisser l'Empire dans sa pauvreté. Il a été necessaire que les Allemands fussent toûjours persuadez que la Maison d'Autriche plus puissante & plus riche par ses Etats hereditaires, que toutes les autres Maisons Allemandes, étoit la seule capable de soutenir les depenses du Trône Imperial, afin qu'ils ne cherchassent point d'Empereurs hors de chez elle.

C'est par cette raison que le Cardinal de Granvelle disoit souvent que Charles V. ne tiroit aucun profit de l'Empire, & que les Allemands devoient s'estimer heureux, d'avoir un Monarque qui des revenus de ses autres Royaumes se trouvoit en état d'entretenir la Dignité Imperiale. Cet habile Ministre sçavoit bien que l'Empire rétabli & bien gouverné pouvoit fournir à son Chef plus de richesses qu'aucun autre Etat de l'Europe. Il avoit souvent raisonné avec Charles V. sur les moyens de rendre aux Empereurs tout ce que les Sujets ont usurpé sur eux : & le retablissement des revenus de l'Empire étoit un des projets que ce grand Monarque affectionnoit le plus : mais pour le faire réussir il étoit obligé de cacher également & le dessein & les moyens de l'executer.

Le temps n'étoit pas encore venu, l'Empire sous ce Prince fût toûjours plein de factions. Les Etats toûjours en défiance contre luy ne songeoient qu'à conserver leur liberté. On avoit imaginé des Statuts odieux pour restraindre l'usage des Elections du Roy des Romains, ausquelles on vouloit donner des bornes & prescrire des regles ; qui, si elles eussent été observées, eussent fait sortir l'Empire de Votre Maison. Alors il étoit tres important que les Allemands ignorassent les ressources de la Dignité Imperiale, ou du moins qu'ils ny fissent point d'attention.

Ces temps de crainte & de troubles sont passez, & l'Allemagne est assoupie, votre Maison est parvenuë au plus haut point d'autorité & de puissance. Quand même elle ne voudroit pas encore abolir l'usage des Elections, elle n'a pas à craindre que l'Empire luy puisse être disputé. Elle se tiendra toujours armée ; & quelques malheurs qui puiſſent arriver, elle emportera de force les ſuffrages que vos ancêtres ont ſouvent eſté obligez d'acheter.

Plus elle augmentera les revenus de l'Empire entre ſes mains, plus elle ſe donnera de nouvelles forces, & de nouveaux moyens pour être toujours maîtreſſe des élections par les Armes, ſi elle ne l'eſt pas autrement. Ainſi quelque réſolution que Votre Sacrée Majeſté & l'Auguſte Roy des Romains, vous preniez ſur les élections, ou d'en laiſſer ſubſiſter le nom & la ceremonie, ou de les ſupprimer entierement ; je penſe que vous ne devez plus differer de travailler à la recherche, & au rétabliſſement des revenus de l'Empire.

XVIII.

ON ne ſçait plus que confuſément, en quoy conſiſtoient les revenus anciens de l'Empire. Il y a apparence que les Empereurs en Allemagne & en Italie, dans les Villes, & dans les païs qui appartenoient immediatement à l'Empire, avant que ces païs par achapt, ou par uſurpation euſſent acquis la liberté, fuſſent paſſez ſous le pouvoir d'autres Souverains ; levoient les Tributs, ou des Tailles comme en France. Ils avoient des Subſides, des Peages, des Doüannes, des redevances, & des droits qui ſe ſont perdus, ou qui ont eſté alienez par des Traitez anciens, ou par les Capitulations introduites depuis Charles V.

XIX.

LEs Capitulations ſont des pactes odieux & iniques ; Contracts injurieux & illicites que les Sujets forcent les Souverains de faire avec eux, avant que l'Election ſoit ratifiée.

Ceux qui les ont inventées apprehenderent que Charles V. né avec tout le courage & toute l'ambition neceſſaires aux Heros , grand & infatigable dans toutes ſes entrepriſes, ne regardât le rétabliſſement du Domaine Imperial, comme une obligation de ſa dignité. Ils voulurent luy lier les mains , & ils les ont liées de même à tous ſes Succeſſeurs par ces Capitulations : mais ce ſont, comme je viens de le dire , des conventions injuſtes , forcées & contraires aux bonnes mœurs. Elles ne vous obligent ni en honneur , ni en conſcience. Toutes les Conceſſions qui ont eſté confirmées en execution de ces Traitez illegitimes , ſont nulles auſſi bien qu'eux.

Toutes les Villes qu'on appelle Libres ou Imperiales , n'ont acquis la liberté que par uſurpation , ou par quelque Patente extorquée ; Titres auſſi vicieux que les Capitulations qui les autoriſent. Les droits utiles & honorifiques, preſque tous les droits Royaux dont joüiſſent les Electeurs & les Princes de l'Empire n'ont que de ſemblables fondemens. Tout cet amas de Lettres Imperiales , de confirmations , de Conceſſions nouvelles , dont l'Allemagne eſt pleine , eſt une preuve de la nullité des premiers titres. Cependant ce n'eſt point en Allemagne , que Votre *Sacrée Majeſté* doit commencer la recherche des droits, & leur réünion au Domaine Imperial ; c'eſt en Italie , où le ſecours des Allemans vous eſt neceſſaire.

X X.

SOuvenez vous , *Sacrée Majeſté*, de ce que diſoit un Seigneur François , lorſque Louis XIII. aſſiegea la Rochelle : *Nous ſerons aſſez foux pour la prendre.* Les Allemans penſeront de même , & ne laiſſeront pas de courir impetueusement à la destruction de l'Italie. Il vous mettront en état d'executer contr'eux mêmes, ce qu'ils vous auront aidé à faire contre les Italiens.

Vous sçavez, Sacrée Majesté, que les prétentions de l'Empire sur l'Italie sont immenses. J'en excepte les Terres qui appartiennent à la Monarchie Espagnole : elles composent une partie du patrimoine de votre Maison, & il n'est pas encore temps de le confondre avec celuy de l'Empire. Mais l'Etat de Terre-Ferme de Venise, n'est formé presque tout entier que de païs usurpez à l'Empire. Le Duc de Savoye ne tient aucune place, qui n'ait esté démembrée de l'Empire. Le Ferrarois & le Mantoüan en ont esté separez presque de nos jours. Lucques, Sienne, Gennes, Florence ont acheté à vil prix leur liberté. La plûpart des autres Etats l'ont usurpée, pendant les temps de troubles & de guerres civiles.

La guerre que Rodolphe entreprit contre Ottocare Roy de Bohëme, l'obligea d'aliener, comme je l'ay dit, l'Exharcat de Ravenne & la Romagne ; pour obtenir, suivant l'usage de ces temps simples & credules dans lesquels il vivoit, la dispense de faire le voyage de la Terre-Sainte, auquel il s'étoit legerement engagé. Un de vos augustes Ancêtres a reclamé dans une Diette generale de l'Empire, contre cette alienation odieuse & injuste.

Vous avez un Memoire ample & exact, qui contient l'Histoire de toutes les autres. Le Comte de Lamberg y a ajoûté des remarques tres-importantes. Il vous a fait connoitre la foiblesse de toutes ces petites Puissances de l'Italie, encore plus inappliquées à l'interest general que ne le sont celles d'Allemagne, encore plus divisées entr'elles, encore plus faciles à opprimer ; parce qu'elles sont desarmées , incapables de faire la guerre , timides & ensevelies dans une longue oisiveté. Je ne vous diray donc rien icy, ni de la justice de votre cause, ni des moyens de la soûtenir : vous les connoissez mieux que moy ; & je parleray seulement de la maniere de l'entreprendre.

X X I.

JE vous exhorte, Sacrée Majesté, à ouvrir cette grande scene , par une rupture entiere & declarée avec le Pape. Vous pouvez sans violer le respect ni la soumission que vous devez à l'Eglise, & que votre pieté exige de vous, oster aux Pontifes de Rome ce qu'ils ont usurpé sur l'Empire. Ne confondez point l'Usurpateur avec le Vicaire de JESUS-CHRIST. Separez dans le mesme homme, ces deux personnages tres-differens : honorez toûjours l'un comme vous le devez ; mais ne craignez point d'enlever à l'autre ce qu'il vous a arraché ou par force ou par surprise.

En suivant cette regle , vous marcherez sur les pas de beaucoup de pieux Monarques. Vous imiterez Frederic II. & Louis de Baviere Empereurs ; Philippe le Bel, Saint Louis mesme, & Henry II. Rois de France : Enfin vous imiterez le tres-Auguste Charles V. Prince le plus Catholique qui fût jamais.

Cherchez avec soin les occasions de rupture, & n'en manquez aucune. La guerre presente vous en fournira assez ; mais taschez de mettre toûjours de votre costé les pretextes & l'apparence. Si jamais il fût besoin de les ménager , & d'éblouïr les hommes par de specieux dehors, c'est dans cette importante conjoncture. Faites ensorte qu'il paroisse toûjours que c'eſt le Pape qui rompt le premier avec vous, & qui par des procedez, injuſtes vous oblige à redemander tous vos droits. En l'attaquant vous gagnerez l'affection des Heretiques ; & en jettant tous les torts ſur luy, vous conſerverez celle des Catholiques, malgré votre rupture.

La raiſon qui m'oblige à vous conſeiller de commencer vos expeditions en Italie, par une irruption dans l'Etat Eccleſiaſtique, eſt que vous diſſiperez le Troupeau, auſſi-toſt que vous frapperez le Paſteur. Si vous attaquez quelque autre Puiſſance, avant que d'avoir abbatu la ſienne ; il eſt capable de les réünir toutes contre vous, & de vous arreſter au premier pas que vous ferez. Mais quand vous n'attaquerez que luy, que vous careſſerez, que vous taſcherez d'aſſoupir les autres, que vous ferez eſperer à quelques unes de partager avec elles une partie de ſa dépoüille ; elles ne ſont point capables ſans Chef & ſans guide, étonnées, diviſées entr'elles, de s'unir pour le deffendre. C'eſt donc contre Rome, c'eſt contre le Pape, que vous devez diriger vos premieres operations.

Vous n'aurez pas de peine à obliger le Pape par de ſecrettes inſultes, à ſe broüiller avec vous, & à en venir à quelque éclat, qui vous donnera l'avantage des apparences. La fierté de la Cour Romaine eſt aiſée à irriter. Vos Generaux en Italie, & vos Ambaſſadeurs à Rome, trouveront cent occaſions de la mortifier & de l'aigrir. Il eſt impoſſible que quelqu'une ne produiſe l'effet que nous attendons, & ne laſſe la patience du Pape.

XXII.

XXII.

VOtre Sacrée Majesté ne se contentera pas de faire revivre les droits utiles de l'Empire contre le Pontificat : mais elle s'attachera plus particulierement à rechercher les honorifiques. Ceux là vous rameneront les autres ; & vous concilierez mieux le cœur des hommes, quand vous paroîtrez plus touché de l'honneur que de l'interest. Quand ils croiront que vous voulez seulement humilier l'orgueil mondain du Sacerdoce, & que vous ne voulez pas réduire le saint Siege à une pauvreté extrême, pour vous enrichir de ses dépoüilles.

Souvenez-vous, Sacrée Majesté, des ceremonies anciennes du Couronnement des Empereurs. Ce n'étoient point des pompes vaines, c'étoient des titres réels de l'autorité Imperiale en Italie. Autrefois aprés que les Empereurs avoient esté couronnez en Allemagne, ils alloient encore se faire couronner à Montza dans le Milanois, où à Milan même, & ensuite à Rome. Par ces Couronnemens les Empereurs prenoient possession de la Lombardie & de l'Italie, & en étoient instituez Rois. Les Papes en ont fait un titre de sujettion des Empereurs envers eux.

L'ordre a esté perverty par la foiblesse des Empereurs, & l'ambition des Papes ; au lieu que dans les premiers temps, les Empereurs donnoient la confirmation à l'élection des Papes : Les Papes se sont arrogé le droit de confirmer celles des Empereurs. Les Etats de l'Empire assemblez à Francfort en 1338. & à Cologne en 1339. ne connurent qu'imparfaitement les interêts de l'Empire, lorsqu'ils voulurent

abroger les Couronnemens en Italie. Ce n'é-
toient pas ces Ceremonies qu'il falloit abolir,
qui établissent la puissance des Empereurs sur
l'Italie : c'étoit l'abus que les Papes faisoient
des Couronnemens , & la superiorité temporelle, qu'ils prétendoient en tirer sur les Empereurs : c'étoient les confirmations qu'ils se
font mis en possession de donner , & qu'ils
ont substituées aux Couronnemens qui les in-
commodoient.

XXIII.

CHarles V. connut bien toute l'importance
de l'ancien usage, que quelques · uns de
ses Ancêtres avoient négligé. Il alla en Italie ;
& le Pape non moins habile que luy , aima
mieux venir au devant de luy , & le couronner
à Bologne , que de le laisser penetrer jusques
à Rome.

La necessité des temps n'a pas permis à vos
Augustes Predecesseurs , qui luy ont succedé,
ni à Votre Sacrée Majesté même de l'imiter.
Vous n'avez point passé les Alpes , & vous
avez reçû le Bref de dispense & de confirmation du Pape. Mais votre Maison est assez puissante pour n'avoir plus besoin de ce ménage-
ment avec les Papes. Mettez l'Auguste Roy des
Romains en état de méprifer ces dispenses & ces
vaines confirmations , & d'aller renouveler en
en Italie les anciennes ceremonies. La recep-
tion des Brefs ne doit pas estre un obstacle au
voyage ny aux Couronnemens : quand vous-
même avec l'Auguste Roy des Romains vous
serez en Italie , accompagnez d'une puissante
Armée, vous discuterez vos droits avec le Pape;
& les Armes vous feront raison , si la justice
n'est pas assez forte pour l'obtenir.

XXIV.

NE craignez point que les Princes Catholiques s'uniſſent contre vous , pour défen-
dre le Pape. L'Allemagne , par les raiſons que
j'ay dites , marchera ſous vos Etendards ; l'Eſpagne ſera à vous ; la France ſera trop foible
pour s'engager dans de nouvelles affaires ; d'ailleurs il ne faut pas douter qu'elle ne ſoit irri-
tée contre le Pape. Quoy qu'il n'ait pas fait
pour votre Auguſte Maiſon tout ce qu'il devoit faite , il n'a pas laiſſé d'offenſer la France.

A l'occaſion de la puiſſance Eccleſiaſtique ,
dont je traite icy , j'oſe vous recommander les
Moines de la domination Eſpagnole. Vous a-
vancerez plus vos conqueſtes par leur moyen
que par les Armes.

La pieté ſuperſtitieuſe d'Epagne , leur a donné ſur l'eſprit des peuples un pouvoir preſque
abſolu. Le reſpect ſeul de leur habit , a ſouvent plus de force que toute l'autorité des Ma-
giſtrats , & fait croire ſans examen tout ce
qu'il leur plaît de dire. A l'ombre de ce reſpect , qu'ils tâchent d'augmenter par toutes
ſortes de moyens , en abuſant de la créduli-
té du peuple , ils vivent la plûpart dans un
grand relâchement ; & ils craignent qu'un Roy
François n'introduiſe en Eſpagne l'exacte diſ-
cipline du Clergé de France , par laquelle ils
ſe verroient trop reſſerrez , & contraints de
renoncer à l'ancien libertinage auquel il ſont
accoutumez.

Menagez-les ſoigneuſement Sacrée Majeſté ;
promettez-leur la conſervation de tous leurs
privileges ; flattez-les de l'eſperance d'en ob-

tenir encore de plus grands. Mais auſſi-tôt que votre Maiſon ſera établie en Eſpagne, ſouvenez-vous que rien n'eſt plus dangereux pour l'autorité du Prince, que ce relâchement & cette trop grande autorité des Moines. Employez toute votre puiſſance à établir en Eſpagne une reforme encore plus ſevere qu'elle n'eſt en France, & à ruiner abſolument le credit des Moines. Vous ferez un œuvre non ſeulement agreable à Dieu; mais utile & neceſſaire à votre Grandeur.

XXV.

ENtre ces deux projets, d'abolir les élections, ou de rétablir les revenus de l'Empire; il vous eſt libre de choiſir pour l'executer, celuy qui vous plaira davantage : tous deux ſéparément vous conduiſent à la même fin. Si vous ſupprimez l'élection, vous donnez à votre Maiſon l'heredité de l'Empire. Et ſi vous parvenez à rendre à l'Empire ſon ancienne richeſſe, vous mettez l'Auguſte Roy des Romains & ſes Deſcendans, en état d'eſtre toujours puiſſamment armez, comme je l'ay déja dit, & de n'employer pour ſe faire déferer la dignité Imperiale, que des ſollicitations, ſemblables à celles dont ſe ſervit un de vos plus illuſtrés Ancêtres, à bon droit ſurnommé le Triomphant. Il venoit de tuer dans une Bataille rangée Adolphe de Naſſau ſon concurrent, & il aſſembla d'abord aprés cette victoire les Princes de l'Empire à Francfort. Là quoy que déja élû Empereur par quelques-uns, il dépoſa la Couronne; & il les pria tous de proceder à une élection juridique. Ses armes parloient pour luy : l'élection fût unanime, & tous les

fuffrages le declarerent Empereur. Ainfi & par
les mêmes moyens le feront à jamais déclarez
vos Auguftes Petits Fils, lorfque par le réta-
bliffement des revenus de l'Empire, vous les
aurez rendus les plus puiffans & les plus riches
Princes de l'Univers.

XXVI.

PEndant que vous ferez occupé en Italie ou
en Allemagne, pendant que vous travaillerez à la ruine de la France, ou à celle des fiers
Vaffaux de l'Empire ; ne perdez pas de vûë
vos anciens deffeins, & vos juftes prétentions
fur la Suiffe. La Suiffe eft votre Patrie ; c'eft le
berceau de votre Sacrée Maifon : c'eft là qu'in-
connuë depuis long-temps, & comme éteinte ou obfcurcie pendant plufieurs fiecles, elle
a commencé à fe reproduire, & à remplir la
Terre de fa gloire.

Albert dont je viens de parler, entreprit avec
trop de violence de dompter les Suiffes ; & il
perdit fon ancienne autorité fur eux, en vou-
lant trop l'augmenter. Depuis luy pendant ce
long temps de tenebres, pendant lequel l'Empire a efté hors de votre Maifon, jufqu'à Albert II. qui l'y a remis, les Princes Autrichiens
ont fouvent tenté, mais inutilement, de re-
gagner par les armes ce qu'ils avoient perdu par
la conduite inconfiderée d'Albert. Toutes les
guerres qu'ils ont faites, n'ont fervy qu'à ref-
ferrer les liens de cette Confederation qui fui-
vit la revolte, & qu'à confirmer & étendre
davantage la liberté ufurpée par les Suiffes.

Votre Sacrée Majefté a mieux connu qu'aucun de fes Predeceffeurs le genie des Suiffes, &

le moyen seur de les ramener à **votre obéïs-**
fance. Ces hommes courageux & groffiers ne
veulent point être traitez avec rigueur & mépris.
Impatiens du joug que vous voudriez leur im-
pofer ouvertement & par force, ils s'attacheront
eux mêmes à celuy que vous prendrez foin de
leur cacher, & que vous feindrez de ne vouloir
pas leur donner. C'eft par les careffes & l'intrigue qu'il faut les affujettir ; & ce font-là les
Armes qu'enfin votre facrée Majefté a prife
pour les attaquer.

Vous avez oublié que vous êtes leur Maître ;
& vous leur avez envoyé des Ambaffadeurs. Le
Comte de Trauttmanfdorff s'étoit d'abord un
peu écarté des inftructions que vous luy aviez
données : il avoit crû qu'il devoit parler en
Maître ; & il alloit aliener l'efprit de tous ces
peuples, fi vos ordres qu'il a depuis bien execu-
tez ne luy avoient fait changer de conduite.
Vous avez à prefent tout fujet de vous loüer de
fon adminiftratiõ. Il a repris les voyes de douceur
& de flatterie. Voilà, Sacrée Majefté, la route
que vous devez tenir, jufques à ce que l'occafion fe prefente de vous déclarer, & de mon-
trer que vous êtes le Souverain. Il faut tâcher
d'amener cette occafion au plûtôt.

XXVII.

LA Suiffe eft paifible en apparence, & parfaitement unie ; elle a pourtant chez elle
des partis differens, & dans fon fein des femen-
ces de divifion, qu'il faut que vos Miniftres
fomentent foigneufement. Déja par l'habileté
de vos Confeils, vous avez en quelque maniere aliené & aigri les Cantons Proteftans contre
la France : fi vous pouviez l'irriter de même

contre eux, ou de même envenimer contre elle
les Cantons Catholiques, vous avanceriez extrêmement vos affaires. Tant que les Suiſſes
feront attachez à la France, & la France con-
tente des Suiſſes, vous ne pouvez pas eſperer
de leur ôter cette liberté, qu'ils n'ont acqui-
ſe qu'en ſe revoltant contre votre Maiſon, &
en la dépoüillant de ſon ancien Patrimoine.

Les Cantons Proteſtans ſont plus défians, &
plus ambitieux que les autres. Ils ſe piquent
d'une Politique plus rafinée. Ils ont des vûës &
des projets comme les grands Princes ; ils aſ-
pirent à une ſuperiorité, & s'ils le pouvoient, à
une autorité abſoluë ſur les autres Cantons.
Plus on ſe croit fin & habile, plus on eſt aiſé à
tromper ; ſur tout quand on a une paſſion do-
minante, que l'*inſidiateur* prend ſoin de flatter. C'eſt donc contre les Cantons Proteſtans
que ſe doivent dreſſer vos premieres batteries
ſourdes.

Ménagez-les, Sacrée Majeſté, éblöüiſſez-les,
aveuglez-les par toutes les complaiſances poſ-
ſibles pour leur ambition, par toutes les défe-
rences imaginables à leurs ſentimens, & par
toutes les faveurs qu'ils ſouhaiteront de vous.
Levez des Regimens Suiſſes, & affectez de les
tirer des Cantons Proteſtants. Preferez toûjours
les Proteſtants aux Catholiques. Les uns ſe
rendront plus fiers avec leurs Compatriotes ;
les autres deviendront jaloux. On hait ordinai-
rement ceux contre qui on a de la ja'ouſie, &
on ſe broüille aiſément avec ceux qu'on hait ſe-
crettement. Il s'élevera peut-être à la fin entre
les Suiſſes quelque alteration, ſi violente qu'il
vous ſera facile d'en profiter.

Dans tout ce myſtere d'adreſſe & de ruſe,
vous devez, & vous pouvez aiſément vous faire

affister par les Anglois & les Hollandois. Ils s'y porteront volontiers ; & ne croyant vous aider qu'à affoiblir le party de la France en Suisse , ils vous aideront a mettre le feu dans les Cantons , & à les détruire.

Les Venitiens qui souvent ont été les duppes de leur prévoyance , & de leur trop grande rafinement ; se jetteront eux-mêmes dans cette intrigue ; & suivant leur ancienne maxime , ils appuyeront votre party pour le rendre égal à celuy de la France qu'ils croyent le plus fort. Il sera difficile que la France resiste a tant d'adversaires , & que les Suisses les plus éclairez, les mieux intentionnez pour le bien de la Patrie, ne soient pas trompez par tant d'habiles Ministres qui travailleront à les séduire.

XXVIII.

QUand vous aurez acquis assez de creatures dans les Cantons Protestans , vous serez exactement informé de leurs conseils & de leurs deliberations ; tâchez de vous rendre le maître de leur Gouvernement, en donnant des pensions, & de l'employ dans vos Troupes aux Fils & aux parens de tous les principaux Chefs ou Conseillers. Alors opposez toûjours les Protestants aux Catholiques. Embrassez toutes sortes d'occasions de les commettre les uns contre les autres. Mêlez-vous secrettement dans tout ce qui se traitera parmy-eux, même de plus indifferent , & de plus étranger à vos affaires & à vos interêts. Faites enforte que les propositions les plus justes , les demandes les plus raisonnables que feront les Catholiques, soient rejettées ouvertement, ou negligées dedaigneusement par les Protestans. De là l'éloignement, la froideur, l'alienation, l'aigreur, enfin la diviſion naîtra entre eux.

Paroiſſez cependant l'amy de tous, Sacrée Majeſté; parlez leur toûjours non comme Empereur, ou comme ſimple Allié; mais comme Pere qui les cherit également. Enfin pour ramener vos anciens Sujets à leur legitime Souverain, humiliez vous, oubliez votre rang, déguiſez vous. Soyez long-temps parmi eux couvert de la peau de l'Agneau. Le trouble s'élevera par les moyens que je vous propoſe; & alors vous prendrez la peau du Lyon. Vos armes entreront en Suiſſe, vous triompherez ſans peîne; & aprés vous être fait Juſtice à vous-même, vous écouterez votre clemence en faveur de ceux qui ſe rendront à vous.

<h3 style="text-align:center">X X I X.</h3>

Voilà, Sacrée Majeſté, les derniers Conſeils, qu'un fidelle Serviteur oſe donner à ſon tres-clement Maître. Les deſſeins que je propoſe, expliquez trop ſuccintement, à cauſe du peu de temps que j'ay, & des approches de la mort, qui ſe font déja ſentir à moy: les penſées & les raiſons confuſes, par l'embarras d'une ame qui s'appreſte à ſe ſeparer de ſon corps, auroient beſoin d'une reviſion longue & ſerieuſe, que je ne puis leur donner. Recevez-les, Sacrée Majeſté, en l'eſtat qu'ils ſont. J'oſe dire que je les tiens de vous-meſme, ils ſont le fruit de vos inſtructions, & des longs entretiens que j'ay eu l'honneur d'avoir avec vous. Ce ſont de foibles lumieres qui retournent au Soleil d'où elles ſont ſorties. Ce ſont vos propres idées, que j'ay renduës imparfaitement. Remettez-les, Sa-

crée Majesté , dans leur premiere clarté ;
ostez-en l'obscurité que j'y ay peut - estre jet-
tée ; restituez-leur toute la force qu'elles a-
voient lorsque vous me les avez communi-
quées : & alors vous ne les trouverez pas in-
dignes d'estre données par vous-mesme à l'Auguste Roy des Romains , afin qu'il se prepa-
re de bonne heure à executer ce que vous
n'aurez pas voulu achever.

Je me prosterne pour la derniere fois à vos
pieds. Je vais trouver le Dieu des Armées
dans sa gloire : J'espere qu'il me fera miseri-
corde, & qu'il me recevra dans son Royaume,
où je prieray éternellement pour la prosperité
de votre Sacrée Maison.

FIN.